अल्फ़ाजो के झरने

अजय "म्यार"

ISBN 979-888546354-6

समर्पण

उस अध्यापिका की

पावन स्मृति को

जिससे मेरे मन में

कविताओं के प्रति

गहरा रुझान पैदा हुआ।

डॉ. वंदना मौर्य

उन सभी अनमोल प्राणीयों को जिनके अस्तित्व ने मेरे व्यक्तित्व को सवार, मेरे प्रिय परिवार, स्वर्गीय चाचा जी मुन्नालाल, माता - पिता, और बहन - भाई, मित्र आदि, जिन के सहयोग का सराहनीय महत्व है और मैं व्यक्तिगत रूप से मेरे परम मित्र *सूरज कुमार "प्रौढ़ कलम"* का आभारी हूँ जिसके सहयोग से ये प्रकाशित हो रही है।

क्रम-सूची

क्रम-सूची

क्रम-सूची

क्रम-सूची

क्रम-सूची

क्रम-सूची

प्रस्तावना

अल्फाजों के झरने... लिखते समय मैं अपनी पुरानी स्मृतियों को पुनः ताजा कर रहा हूँ। मुझे याद है जब मैंने बचपन में विद्यालय के समय अपने भाव कागजों पर लिखा करता था और उस दौरान मैंने अपने मन के भाव को कविता का रूप दिया, जो मेरी पहली कविता थी। इन कविताओं के शब्दों में इतनी मिठास है जो मुझे आज भी इन से जोड़े हुए है। कविताएँ मन का भाव होती हैं जो दिल और दिमाग से उत्पन्न होती है और नये भाव जगाती है। कविताओं की महक मन और आत्मा से निकलती है और उसका प्रभाव भी देखा जाता है। कविता लिखना और उसको सहेज कर रखना मेरी आदत है या यूँ कहूँ तो मेरे बचपन का शौक है, जो मेरी जिंदगी का एक अहम हिस्सा बन गया है जिससे मेरी पहली संकलन *अल्फाजों के झरने* की शुरुआत कर रहा हूँ। जो मेरे मन की आवाज है और मेरे अंदर की खलबली।

लिखने का शौक तो मुझे किशोरावस्था से ही है लेकिन उसे कभी सार्वजनिक नहीं किया लेकिन आज कविताएँ अभिव्यक्ति का एक माध्यम है जिसने संपूर्ण समाज को अपने अंदर समेट रखा है। *अल्फ़ाज़ों के झरने...* में, मेरे द्वारा देखे गए देश, समाज , प्रेरणा ,युवा, प्रेम, शांति तथा अन्य विषय शामिल है, जो इस समय भी प्रसांगिक है। कविताएँ मेरी जिंदगी का ऐसा माध्यम है जो मेरा अकेलापन मुझे खलने नहीं देता। बचपन से ही कविता, साहित्य में मेरा रुझान है जिसमें मेरे अध्यापकों का विशेष योगदान रहा है। जैसे कहते है जीवन निर्माण में अध्यापकों का महत्वपूर्ण योगदान रहता है, मेरे कॉलेज (मोती लाल नेहरू, प्रातः) दिल्ली विश्वविद्यालय, के माहौल ने भी मुझे बहुत प्रोत्साहित किया और मेरे लिखने की शैली और गति को विकसित किया। कॉलेज के प्रोफेसरों का भी इसमें बहुत अनमोल योगदान रहा है। इन सभी के परिणामस्वरूप मेरी पहली पुस्तक प्रकाशित हो रही है -*अल्फाजों के झरने ...*

(आप सब को यह प्रेरणा , दुख - पीड़ा, प्रेम तथा सपनों से भरे तथा देश प्रेम से ओतप्रोत कविताएँ कैसी लगी? कृपया मुझे अपनी राय बताने की कृपा अवश्य करें। इस के लिए मैं आप सबका हृदय से आभारी रहूंगा। आप मुझे ajaymyaar@gmail.com पर अपने सुझाव और प्रोत्साहन करें।)

-म्यार

भूमिका

ॐ असतो मा सद्गमय ।

तमसो मा ज्योतिर्गमय ।

मृत्योर्मा अमृतं गमय ।

ॐ शान्तिः शान्तिः शान्तिः ॥

1. मुकद्दर हम बनाते हैं

मुकद्दर हम बनाते हैं
हाथों की लकीरों में किस्मत नहीं
उन लकीरों की कीमत हम बनाते हैं
मुकद्दर हम बनाते हैं!
कर्मो से भरी शाम को
मेहनत के आराम को
दिल से लगाते है
मुक्कद्दर हम बनाते हैं!
अपनी मंजिल के पथ पर चल के
ख़ुद को खुदा से मिलाते हैं
मुकद्दर हम बनाते हैं!
मंजिल हम से दूर नहीं
महफिल अब तू भी दूर नहीं
चल खुद के मुकद्दर को चमकाते हैं!
मुकद्दर हम ही बनाते है!!

2. ऐ सफर....

ऐ सफर....
तू जरा मुझे भी अपने साथ ले कर चल
अकेली जिंदगी में
कहीं मैं अकेला ना रह जाऊँ
और तू मुझ से आगे हो
और मैं कहीं पीछे ही ना छूट जाऊँ...!!
है गुजारिश तुझ से
मुझे अकेला छोड़ आगे ना चले जा
अपने साथ मुझे भी आगे बढ़ा
ऐ सफर चल जिंदगी यूँ ही आगे बढ़ा..!!
रुकूँ ना मैं
चल मुझे भी थोड़ा धक्का लगा
ऐ सफर बस यूँ ही चलता जा..!!

3. प्रगति पथ पर अग्रसर

प्रगति पथ पर अग्रसर

चल रहे है..

मिलेगी मंजिल , जब हम कुछ कर रहे है

तुझ तक पहुँचना...

जुनून हो गया...

तुझ में ही दिल और दिमाग... महरूम हो गया

सासों में भी तेरा नाम सुनाई देता है...

घर की चार दीवारी में बस तू ही दिखाई देता है...

4. फैसला कर लिया है

फैसला कर लिया है
कुछ पाने का,
खुद को बदल कर दिखाने का,
मेरी मंजिल मेरे सामने है
मेरी किस्मत, मेरे हाथ में है।
मेरे मुकद्दर का मैं मालिक हूँ,
मेरी जिंदगी का मैं ही वारिस हूँ,
वक़्त ने मुझे खूब बलवान बना दिया,
मेरी मुश्किलों ने मुझे मेरी कमजोरियाँ बता दी,
और मेरी जिद ने , मेरी कमियाँ मिटा दी।
मैंने फैसला कर लिया है
ख़ुद को बदल कर दिखाने का..!!

5. जिंदगी एक खेल नहीं

जिंदगी एक खेल नहीं
जो यूँ ही खेल के, बिता दूँ
ये दुबारा नहीं मिलेगी
फिर ग़म में डूब कर क्यों बिता दूँ..!!
जिंदगी अगर जिद्दी है
तो हम भी अपनी, जिद दिखाएंगे
जीना कैसे है , दूसरों को भी जी के दिखाएगें..!!
हवा में उड़ कर नहीं
ज़मी में अपना पर्र फैलाएंगे
सूरज नहीं तो कम से कम
दीपक बन कर रोशनी फैलाएंगे..!!
जिंदगी एक खेल नहीं
इसे यूं ही नहीं बिताएंगे..!!

6. खेला जिन्दगी से

मैं इस कदर खेला जिन्दगी से
कि अब मन भर गया..हर ऐश , हर मौज लिए
कि अब दिल भर गया..

बड़े रईसो, वाली जिंदगी बिताई है अपने वालिद के दम पर..
जिंदगी में हर, वक़्त मज़ा लिया है मैंने
अपनी अम्मी के रहम-ओ-करम से..
हर जगह, हर रोज़
दिल ने जो कहा, बस कर दिया..
कुछ गुस्ताखी ऐसी की
कि खुद की नज़रों से गिर गया
वही चीज़ बार - बार की
कि अब बस मन भर गया..
जितने खेल मैं खेल सकता था
सब खेलें,
भले ही वो चाहे, खेले अकेले
इसलिए, अब मन नहीं करता..
अब सोचा है,
कुछ और ही है करना
उन खेलों की खुशी, सिर्फ मुझ तक ना सिमटे
दूसरे भी उस का मजा ले
ये खेल खुद के दम, पर खेलूं मैं.. कुछ बड़ा कर, एक बार फिर
खुद का मन भरु मैं... और साथ ही दूसरों के मन में लालच..!!

7. तुम एक पक्षी हो

तुम एक पक्षी हो
उड़ना तुमनें अभी सीखा है
दौड़ती हो तुम ज़मी में
आसमान तुमनें अभी देखा है
आसमा में तुम को अपनी पहचान बनानी है
अभी तुमनें पंखों को फैलाया है,
उड़ान लगाने की अब बारी है
रुकना नहीं किसी टहनी पर
तुम्हें दूर तक जाना है
पंखों से नहीं तुम्हें, हौसलों से उड़ान लगाना है
अभी तुमनें ज़मी में, अपनी पहचान बनाई है
आसमा में , तुम्हें अपना नाम बनाना है
तुम्हें कुछ फीट की ऊँचाईयों में नहीं,
तुम्हें अंबर के शिखर तलक जाना है..!

8. मैं नारी शक्ति की पहचान हूँ...

एक खूबसूरत फूल समझ के

तुमने मुझे तोड़ फैंका

लड़की हूँ मैं, मुझे कमजोर समझ के

तुमने मुझे मरोड़ फैंका

खूबसूरती से तुम्हें प्यार होता है

और उसे पाने का जुनून, सर पर सवार होता है

मैं अब पुराने समय की अबला और कमजोर नहीं हूँ

मैं अब शक्तिशाली हूँ, मैं किसी के हाथों की डोर नहीं हूँ

मैं शक्ति का रूप हूँ, शक्ति मेरी पहचान है

मैं ज्वलनशील हूँ, इक्कीसवीं सदी का निशान हूँ

मैं किसी का आवाज़ नहीं, खुद एक फरमान हूँ

मैं नारी शक्ति की पहचान हूँ..!!

९. मेरी हर साँस मुझ से शिकायत करती हैं

मेरी हर साँस मुझ से शिकायत करती हैं

मुझे मेरा वज़ूद तलाशने के लिए

मुझ से मेरी कमियों और खामियों को मुझ से दूर करने के लिए

मुझे भीड़ से अकेला करने के लिए

मुझ से मेरे वादे पूरे करने के लिए

हर साँस शिकायत करती हैं

मुझे कुछ करने के लिए

मुझे सही मायनों में जीने के लिए

मेरी नाकामियों को कामियों में बदलने के लिए

मेरी हर झूठी खुशी को सच्ची करने के लिए

हर साँस शिकायत करती है

हर वक़्त शिकायत करती है

हर जगह मैं क्यों कमजोर बना हूं

हर वक़्त मैं वक़्त से क्यों कमजोर बना हूं

मेरी साँस शिकायत करती है

कि वो अभी ठीक से काम करती है

मेरे पास आज समय है

आज हूं मैं

तो अपनी सांसो का इतिहास बना दूँ

अपनी साँसों के होने का वज़ूद बना दूँ

मेरी साँस शिकायत करती है..!

10. जीवन का अभिनंदन कर

जीवन का अभिनंदन कर

चल थोड़ा-सा मनोरंजन कर

उठा ले वीणा, बजा ले संगीत

कर ले थोड़ी-सी खुदा से प्रीत

जीवन का अभिनंदन कर

आज नहीं तो कल ये करना ही होगा

कुछ क़दमों से ही सही, लेकिन आगे चलना ही होगा

चल चले थोड़ी से वंदना कर, और

जीवन का अभिनंदन कर..!!

11. एक बार फिर से

एक बार फिर से
मुझे खुद की ताकत
खुद को दिखानी है...
कमज़ोर समझते हैं वो, मुझे
लेकिन, मुझे फर्क़ नहीं पड़ता
मुझे पता है मेरी शक्ति...
उन्हें भी दिख जाएगी
बोलने का क्या फायदा
एक दिन तो वो भी घड़ी सामने आयेगी...
एक बार फिर से
मेरा नाम चर्चा में आएगा
हर जगह मेरी कामयाबी का पर्चा,
मेरे नाम का दिखाया जाएगा..
एक बार मुझे बस उठ जाने दो
फिर ना मुझे कोई रोक पाएगा
इस बार तो
मेरा नाम, अखबारों की हेड लाइन..
और ब्रेकिंग न्यूज में दिखाया जाएगा
एक बार फिर से
खुद को खुद पर गर्व हो जाएगा...

12. हूँ एक रफ़्तार

ना मैं कोई रुकी हुई दरिया का पानी हूँ
ना ही मैं घड़ी पुरानी हूँ
ना मैं कोई जंग लगा इंजन हूँ
ना जंग लगी तलवार
मैं तो बस वक़्त के साथ चलती
हूँ एक रफ़्तार..!!

13. ये आम है!

कुछ पाने की चाह में,
खुद को ही खो देना,
आज कल आम है!
जिंदगी बदलने में लगे काम,
खुद को कर के बेनाम,
ये आम है!!

14. बाकी है

अभी तो मैंने पंख फैलाये है
उन से उड़ान लगाना बाकी है..
अभी तो मैं ज़मी पे खड़ा हूँ
आसमा पे जाना बाकी है..
अभी तो मैंने चलना शुरू ही किया है
अभी तो दौड़ लगाना बाकी है..
अभी तो मैंने ऊपर देखना शुरू किया है
अभी वहां पर जाना बाकी है..!!

15. क्या मैं "सूरज" हूँ ?

क्या मैं "सूरज" हूँ ?
सूरज की तरह मैं सब को रोशन करता हूँ
मैं अकेले नहीं सब को साथ लेकर चलता हूँ
मैं एक समान ही सब पर
रौशनी करता हूँ
मैं ज्वलनशील हूँ
मैं विकासशील हूँ
चल रहा हूँ मैं पथ पर, मंजिल के समीप हूँ
क्या मैं इन सूरज की खूबियों से भरपूर हूँ
क्या मैं "सूरज" हूँ..!!

16. अजय

वक्त के साथ भागता हूँ
अपनों से रखता वास्ता हूँ
हर रोज मैं एक रेस लगाता हूँ
कभी हंसता हू, तो कभी मुस्कुराता हूँ
मैं अपने राज़ और दर्द सभी से छुपाता हूँ
मगर कामयाबी की एक सीढ़ी
हर रोज मैं चढ़ता जाता हूँ
मैं अपने नाम की तरह बनना चाहता हूँ
मैं अपना क्षेत्र विस्तृत करना चाहता हूँ..!!

17. मुस्कान

लाखो दर्दों के बाद भी ये मुस्कान मेरे चेहरे से नहीं जाता

भले ही कितने ग़म हो मैं किसी से भी नहीं हूँ बताता

सीखता हूँ मैं जिन्दगी को जीना, जिंदगी से

इसलिए ये मुस्कान मुझ से दूर नहीं जाती

लोगों से मिला धोखा और जिंदगी से मिली ठोकरें

ये मुस्कान हटा नहीं पाती, मैं मुस्कुराता हूँ

क्योंकि मैं मुस्कुराना हूँ चाहता...

18. आशायें

इस छोटी-सी ज़िन्दगी से मैंने आशायें बहुत लगाई है
हर पल को जीने की कोशिश की है मैंने
हर समय हंसी को दिखाई है
वक़्त बेवक़्त लोग बदले
जिससे भी ठोकर खाई है
मैंने उन से सीखा है फिर,
की वक़्त से लड़ाई है
अपनी खूबियाँ मैंने बा-खूब चमकाया है
बड़े संघर्षों से मैंने अपना जीवन बनाया है

19. मुझे थोड़ा और बदलना है।

कितना बदल गया मैं
यूँ ही देखते-देखते
कुछ पता ही नहीं चला ।
मेरी आदते,
मेरा व्यवहार,
मेरी ख्वाहिशें,।
लेकिन और बदलव बदलाव अभी करना है
गिरा बहुत हूँ मैं
अब मुझे संभलना है
कितना दर्द है
कितनी ही क्यों ना हो तकलीफ
किसी से जिक्नर नहीं करना है
मुझे थोड़ा और बदलना है।

20. आँखों में सपने लिए...

आँखों में सपने लिए...
हौंसलों के पंखो की उड़ान जारी है...
अभी मैंने सफर शुरू किया है
उस मे ख्वाइशों की रफ़्तार अभी जारी है

रुकना और थकना कभी हुआ नहीं
घड़ी की सुई की तरह अभी बढ़ना जारी है।।
कुछ चीजे अभी रोक दी है
कुछ कदम अभी पीछे लिए है
उस के बाद छलांग लगाने की तैयारी अभी जारी है
कुछ सपने देखे है
इन आँखो ने,
उन को जीना का अरमान अभी जारी है।

21. खुद की अहमियत

खुद की अहमियत क्या आज कोई जानता है?
क्या आज कोई अपने आप को पहचानता है?
खुद को खुदसे मिलवाता है?
हर शाम खुद के लिए रंगीन गाना गाता है?
क्या खुद को हसाता है?
खुद को दर्पण मे देख मुस्कुराता है?
स्वयं को स्वयं का एहसास दिलाता है?
शरीर में आत्मा का वर्चस्व महसूस कराता है?
या मन को कभी सही दिशा से रुबरु कराता है?
अपने इन्द्रियों को उन के कर्मों का दर्शन कराता है?
क्या कभी देर- सवेर स्वयं, स्वयं के साथ हंसी के लम्हें बिताता
है?
क्या कभी खुद से वादा कर उसे निभाता है?
क्या कभी खुद वर्तमान की स्थिति नाप कर मुस्कुराता है?
या भूत और भविष्य देख डर जाता है?
क्या कभी सोचा है खुद के बारे में?
या करियर की सोच डर जाता है?
दूसरो को गूगल सर्च और विकिपीडिया पढ़ते जाता है?
क्या कभी अपनी विकिपीडिया बनाता है?
दूसरो को खुश करने में लगे रहता है
क्या कभी अपने को खुश करने के कदम उठाता है?
दूसरों की नजरों में उठने के लिए
ना चाहते हुए भी कुछ काम कर जाता है
खुद की नजरों मे क्यों खलनायक बन जाता है?

जब दूसरो को ईर्ष्या भरी नजरों से देखता है तो
क्या कभी वो नजरें खुद पे भी उठाता है?
किताबे, अख़बबार तो समय - समय पर पढ़ते जाता है
क्या कभी खुद को पढ़ने के लिए समय निकाल पता है?
लोग यहाँ हर रिश्ता निभाते हुए दिख सकते है,दोस्ताना हो या
प्याराना
मग़र स्वयाना नहीं
रिश्ते, नाते, दोस्ती, प्यार को तो निभाता है
मगर क्या स्वयाना निभाता है? या उस के कभी डर जाता है?
दूसरो की नजरों से खुद को क्यों आकता है?
अपनी नजरों को काम में क्यों नहीं लगाता है?

22. मेरा सफर अधूरा है

मेरा सफर अधूरा है
जिसे करना अभी पूरा है
कर रहा हूँ मैं प्रयास अभी भी
लिख रहा हूँ राह अभी भी
इसे करना पूरा है
ये मेरा संघर्षों का सफ़र
अभी अधूरा है..

23. मुझे कुछ कर के दिखाना है

उनकी ख्वाहिश मुझे से बहुत है
और मुझमें, कमियाँ बहुत है
लेकिन, मुझे कुछ कर के जाना है
मुझे कुछ कर के दिखाना है
समय को बदल के दिखाना है
खुद को खो भी दिया तो क्या हुआ
खुद को एक नए अवतार मे पाना है
मुझे कुछ कर के दिखाना है
मंजर चाहे जैसा भी है
तकलीफों का समुंदर चाहें कितना गहरा हो
मुझे अपने सपनो से उन को पार लगाना है
मुझे कुछ कर के दिखाना है
जिंदगी की ख्वाहिश त्याग मांगती है
तो उस को वो भी दिये जाना है
हर हाल में
मुझे कुछ कर के दिखाना है।

24. मोहतरमा

मुझे प्यार तो उस
मोहतरमा से हैं
जो मुझे हाथ दे कर
आगे बढ़ना सिखा रही है!
मुझे जिंदगी से लड़ना सिखा रही है
खोये हुए स्वाभिमान को, फिर से जगा रही है
रूकूँ नहीं मैं किसी राह में
मुझे मेरे हालातों से लड़ना सिखा रही है
एक अकेले हाथ में, ख़ुद का साथ जोड़ कर
दुनिया दिखा रही हैं
वो मेरी मेंटर मुझे
मेरी कीमत का एहसास करा रही है

25. मैं

दिन निकल गया है
सूरज चढ़ गया है,
फिर इस सूरज को
अपने बारे में बताना हैं
अपने कर्मों से उस से नजरे मिलाना है
बस, इस सूरज की तरह,
मुझे अपने कर्मों का प्रकाश फैलाना है..!!

26. संविधान

देश को संभाला,
और दिया भारतीयों को विश्व में सम्मान;
ऐसा है भारत का संविधान।
भारत का संविधान,
भारत का सर्वोच्च विधान,
जिसके प्रमुख वास्तुकार डॉ अम्बेडकर महान्,
उन्होनें ही दिया भारत को भारत का संविधान।
भारत का संविधान,
विश्व का सबसे बड़ा,
और विस्तृत लिखित संविधान,
जिसमें समाया है हर कार्य का प्रावधान,
ऐसा है भारत का संविधान।
औपनिवेशिक व्यवस्था को खत्म किया,
और लोकतंत्र कायम किया।
नियमों का संग्रह बाबा साहब ने किया,
जिसे नाम संविधान दिया।
जिसने दी शासन को शक्ति,
और नागरिकों को अधिकार;
ऐसा है भारत का संविधान।
हर वर्ग को सम्मान दिया,
हर एक को वरदान दिया।
कोई इससे छूट ना पाया,
सब को समान अधिकार दिया।
सबका जीवन तार दिया,

स्त्री हो या हो दलित-
सब को सम्मान दिया।
भारत के इस संविधान ने,
हर विवाद का समाधान किया।
सब एक समान हैं मान,
सबको मौलिक अधिकार दिया।
समानता, स्वतंत्रता, शिक्षा,
धर्मनिरपेक्षता और
शोषण के विरुद्ध अधिकार दिया।
सबको एक कानून और
एक न्याय के रथ से बांध दिया।
मौलिक कर्तव्य और
नीति निर्देशक सिद्धांत दिया।
हर भारतीय को एक-सा अधिकार दिया,
कोई इससे अछूता ना रहे-
इसका भी समाधान किया।
न्यायपालिका को बना,
न्याय का प्रावधान किया।
भारत के संविधान ने,
हर पथ पर सब का साथ दिया।।
निर्जीव बन ये रुका नहीं,
सजीवता का प्रमाण दिया।
समय-समय पर स्वरूप बदला
और संविधान को मान दिया।

27. भारत में लोकतंत्र

भारत में लोकतंत्र तो एक बहाना है
असल में ये तो, यहाँ राजनीति का खेल पुराना है
ये लोगों के तंत्र का शाशन कहाँ है?
लोकतंत्र के मुखौटे में कुलीनतंत्र ये है
कुछ चुनिंदा ही तो यहां विराजमान है
सत्ता पर विराजमान है
अगर कोई नया भी आ गया तो
वो तो एक कठपुतली समान है
सत्ता में भी कुछ चुनिंदा
जाति या वंश के लोग बैठें है
हर एक को ये मौका कहाँ समान है?
ये थोड़े ही लोकतंत्र की पहचान है
यहाँ सुना नहीं जाता जनता की आवाज को
इस जनता की शाशन में ही जनता पिस रही है
लोकतन्त्र के नाम पर ही ये भारतवर्ष की दुनिया मिट रही है
दंगे यहाँ सरेआम है
यह भेदभाव भी अपने आप में महान है
बस काग़ज़ों में चलता यहाँ शाशन
दुनिया से ये अंजान है
भारतवर्ष का लोकतंत्र पूर्ण विश्व में महान है
काग़ज़ों में गढ़ी मनगढ़न बातें है
जो भारत के लोकतंत्र को रखती सबसे आगे है
ये लोकतंत्र मेरे समझ से भी आगे है

28. मेरी मातृभाषा मेरी पहचान

हमारी संस्कृति की पहली देन, यह है हमारी पहली तालीम।
मेरी मातृभाषा मेरी पहचान है,
मेरी मातृभाषा मेरी जान है।
ये मेरे मुँह की पहली बोली है, मेरी संस्कृति की रंगोली है।
मेरे संस्कारों का ज्ञान है,
यह मेरे व्यक्तित्व का निर्माण है।
मेरी मातृभाषा मेरी पहचान है, यह मेरे क्षेत्रीयता की शान है।
यह मेरे ज्ञान की जननी है,
जो मेरी जननी ने ही मुझे दी है।
इसकी महक मुझमें विराजमान है, इसकी सुमधुर वाणी महान है।
इसके शब्दों में मधुमयता है,
जो तहज़ीब में सुर पिरोता है।
विश्वस्तर पर ये विराजमान है, इसकी प्रगति में बेहद उफान है।
ये अपने-आप में सम्पूर्ण ब्रह्मांड है,
इसकी चमक से मगर सब अंजान हैं।
इसने है मुझे सबकुछ है दिया, इसका व्याख्यान मेरे बस में कहाँ?
मुझे गर्व है इस पहचान पर,
मुझे गर्व है मेरी मातृभाषा की शान पर।

29. वैश्विक महामारी और भारत

विश्व को लंबी नाक दिखाने
चला था भारत, अपनी शक्ति दिखाने
ऊपर से पहने, सैनिक चोला
चला था लड़ने, ये भोला
अंदर से पड़ा खोखला
ये देखा नही ,बड़ा हौसला
चला नकल पश्चिम की करने
ऊपरी दिखावे से सब कुछ पूरा करने...
हो ना सका यहाँ नाम इस का

रक्षा पर बस किया खर्च
न स्वास्थ्य, न यहाँ पर शिक्षा
लगे पड़े थे बस दिखाने में
और सरकार बनाने में

हुई भूल, पर स्वीकार नहीं
राजनीति में, कोई व्यव्हार नहीं
महामारी में भी बस सत्ता है प्यारी
जनता की जान कहाँ है न्यारी

महामारी भी बस यहाँ राग है गाती
जनता को भी नही नजर है आती

भारत अब यहाँ मौन खड़ा
विश्व स्तर पर जब पोल खुला ,
स्लोगन बड़े दिया है इस ने
सब को था ये मोह चला
इस सत्ता की चाल में
न जाने कितनो को ये खो चला।

30. आत्मनिर्भर भारत का जहान देखते है।

आत्मनिर्भर भारत का जहान देखते है
जमीन पर बैठे हम ,आसमान देखते हैं,
आत्मनिर्भर भारत का जहान देखते है
रुके नहीं बस आगे बढ़े चलें,
ऐसे भारत का निर्माण देखते हैं,
आत्मनिर्भर भारत का जहान देखते है
विश्व में हमने समृद्धि ,
और सब का गुणगान किया,
सोने की इस जमीं पर ,
फिर, आत्मनिर्भरता का आवागमन हुआ
आंखों में सपने सजाए
फिर, वैसे भारत का निर्माण देखते हैं
आत्मनिर्भर भारत का जहान देखते है
बेरोजगारी ना हो जहां,
लोकल को भी वोकल दे
आत्मसात हो वो!
असंभवता की ना कोई बात हो
हर दिल में देशभक्ति की आग हो।
ऐसे भारत का निर्माण देखते है,
आत्मनिर्भर भारत का जहान देखते है
विश्व की सुंदरता से ,अलग यहां हर बात हो,
कुशल हो श्रमिक और सभ्य हर इंसान हो

गांधीजी की राह पर चलता हर व्यक्ति का स्वाभिमान हो
न जाति, लिंग और धर्म का भेदभाव हो, और ना ही श्रम का
अन्नदाता खुश हो और खुश हर देशवासी हो
स्वयं की तकनीक हो और स्वदेशी ही हर मुश्किल की चाबी हो
ऐसे भारत का निर्माण देखते हैं,
आत्मनिर्भर भारत का जहान देखते है।
विश्व को हमने बहुत कुछ सिखाया, और अभी और भी बहुत कुछ
सिखाएंगे,
अभी तो फिलहाल आत्मनिर्भर बन, विश्व को भी आत्मनिर्भरता का
पाठ पढ़ाएंगे।
नया भारत आत्मनिर्भर भारत।
_ जय हिन्द

31. असमानता

जिस शब्द को सिर्फ सुन कर ही महसूस कर सकते है,

हर दिन इस को वास्तव में देख सकते!

उस से कोई अछूत नही है आज

इस से कोई दूर नही है आज

असमानता , ने सब को जकड़ रखा है,

एक दूसरे को एक दूसरे से अलग कर रखा है,

समानता तो सिर्फ कागजो में रह गई है

और असमानता कागजो से लुप्त हो गई है

समाज में कागजो से अलग, वास्तविकता विद्यमान है,

सब अलग-थलग है कहाँ एकता और समानता विद्यमान है...

समाज का हर एक वर्ग इस से जूझ रहा है

जो कमजोर है, बस वही इस में डूब रहा है

आज भी आधुनिक नारी की समानता

में सवाल है!!

दलितो से छुआछूत आम बात है!

धनी और निर्धनता में असमानता आसमां और जमी के समान है,

असमानता को समाज के ठेकेदारों ने

समाज में सजा रखा है

नेताओं ने इसे राजनीति का बस मुद्दा बान रखा है..

कुछ धर्म के सौदागरों ने इसे धर्म का

खेल बना रखा है

समानता की आड़ में असमानता विद्यमान है

अंधेरे में बैठे है और रौशनी का फरमान है!!

32. व्यर्थ की कुर्बानी

सीमा पर बहते खून,
और मर मिटते सैनिकों की कुर्बानी,
व्यर्थ हो रही है।

जवानों के शव की, बस गिनती हो रही है,
देश में सुख, शांति और अमन के लिए,
वे सीमा पर तैनात हैं,
लेकिन, देश में कहाँ सुख ,समृद्धि और शांति के निशान है,
बढ़ रही है गिनती, जवानो की कुर्बानी की,
और बढ़ रही है गिनती, देश के गद्दारों की, भ्रष्टाचार के सरदारों
की, गंदी राजनीति की बाग डोर संभाले देश के हत्याचारों की,

गरीब तबके के युवा,
सेना से सीमा में तैनात है
बाहरियों से देशवासियों को बचाते
लिए ये हाथियार है
फौलादी सीना लिए वे सीमा पर खड़े है,
लेकिन, देश के अंदर ही
न जाने कितने घमासान पड़े है,
गरीब तबके के लोग दबे पड़े है,
रूढ़िवादी मानसिकताओं से लोग ग्रसित पड़े है,
जाति के नाम पर खड़े न जाने कितने बवाल है,
धर्म को लेकर चल रहे चुनावी प्रचार है, नारी सशक्तिकरण का
मुद्दा, बस बाहर चल रहा है,

घर में नारियों का दमन चल रहा है,
यहाँ जवानो के घर में आग लगती है,
बिकी हुई मीडिया की कहानियां बिकती है,
टी. वी. में सास बहू और साजिस का घंटो तमाशा चलता है,
अखबार के पन्नो में बस सैनिक को जगह नही,
इतनी सस्ती है कुर्बानी की किसी को कोई परवाह ही नहीं,

देश के गद्दारो ने, राजनीति के दलालों ने,
देश का नक्शा ही बदल दिया,
जाबाज जवानों की कुर्बानियों को धुंधला कर दिया,
देशवाशियों की रक्षा करने के लिए वे, बाहरियों से लड़ते है,
लेकिन, अंदरूनी गद्दारों ने ही देश को छन्नी-छन्नी कर दिया।
जवानों की कुर्बानियाँ धुंधली होती जा रही है,
इन में किसी की नज़र नहीं जा रही है,
ये जय हिंद बोलते जवान,
मर मिटने को तैयार है,
इन की कुर्बानियों की अब गिनती बढ़ती जा रही है।

33. आज़ादी!

पा ली है ब्रिटिश सत्ता से स्वतंत्रता,
फिर भी इतनी बड़ी आबादी,
अब भी माँग रही है आज़ादी।
एक ग़रीब, अपनी गरीबी से आज़ादी चाहता है,
एक दलित, समाज में विद्यमान कटु सोच से आज़ादी चाहता है;
एक महिला, अपने विचारों में आज़ादी चाहती है,
एक युवा, अपने तनाव से आज़ादी चाहता है।

आज भी हम बने पड़े हैं गुलाम,
और चिल्लाते हैं आज़ादी का नाम;
कहीं अभिव्यक्ति की स्वतंत्रता दबायी जाती है,
तो कहीं संविधान की गरिमा;
और स्वतंत्र भारत की बन गई है ये नयी महिमा।
व्यक्तिगत रूप से हर व्यक्ति गुलाम है,
कोई अपनी इंद्रियों का, कोई अपने गैजेट्स का;
कोई नशे का और कोई मोह माया का,
यह सब भी माँगते हैं आज़ादी।
इस आज़ाद भारत में गुलाम बने बैठे हैं,
भूल गए हैं कुर्बानी;
यह आज़ादी खैरात में नहीं मिली,
दी है लाखों वीरों की कुर्बानी।

34. शिक्षा

शिक्षा , जिस की रेस में हैं
पढ़े-लिखों के भेष में है।
बस दौड़े जा रहे हैं इस होड़ में
बिना किसी होश में
एंट्रेंस और गवर्नमेंट जॉब के नाम पर लगे पड़े हैं
शिक्षा के नाम पर ख़ुद को भूले पड़े हैं
इस रेस में आगे बढ़े इस के लिए
ख़ुद को प्रतियोगिता कि आग में झोंके पड़े है
कुछ कर दे
आगे निकल जाए
इस के लिए
खुद की जवानी किताबों पर झोंके पड़े हैं
शिक्षा के नाम पर बिज़नेस भी बड़े- बड़े हैं
गरीब के यहाँ खाना नहीं है
शिक्षको का जमाना नहीं हैं
जो लगे हैं तैयारी में
उन के लिए नौकरी सरकारी नहीं हैं
बीत गयी जिंदगी किताबों में
फिर भी किताबे आगे नहीं हैं
शिक्षा के नाम पर कोई सिफारिश नहीं
समाज की निगाहें देख रही हैं
और, उम्र बीत रही है यूँ ही
फिर भी किसी की कोई जिमेदारी नहीं है

शिक्षा हर कंधों पर भारी नहीं हैं
और शिक्षा के जैसी कोई बीमारी नहीं हैं।

35. शिक्षा जिस ने सब को महान बनाया

शिक्षा जिस ने सब को महान बनाया

इंसानों को इन्सान बनाया

अज्ञानी को ज्ञान दिया

बुद्धि का विकास किया

शिक्षा ने सम्मान दिया

और जीवन को वरदान दिया

रुके हुए को साथ लिया

और आगे बढ़ने का ज्ञान दिया

समाज का विकास किया

सब को एक सामान किया

भेदभाव हटा कर

सब को शिक्षा का अधिकार दिया

ज्ञानी को सद्बुधि दी

अज्ञानी को ज्ञान दिया

शिक्षा ही वो रहा है

जिसने हर राह में चमत्कार किया

शिक्षा,हर राह का आदि अनादी अनंत है

रणविजय का सनातन है।

36. मीडिया.... और हम

समाचार के नाम पर
एक खिलवाड़ लगती है
ये मीडिया है जनाब कहा ये आम लगती है
समाचार के नाम पर,
कहा संचार देती है
मुट्ठी भर लोगो का ही ये पैगाम देती है
कुछ काम, अब ये पहले से अलग करती है
चुनाव मे चुनाव का माहौल देती है
टी आर पी के लिए एक, अपना पूरा रोल देती है
सब कुछ होते हुए भी, सास बहु और साजिश का लोल देती है
आज इस की एक, अलग ही छवि है
बिकी हुई मीडिया ,आप के समक्ष खड़ी है
खबरे भी ये लाते कहाँ है
अपनी कहानियों को, अब खबरें बताते यहाँ है
चौथे स्तंभ की छवि, अब धुंधली होती जा रही है
इसमे व्यापार की गति भी बढ़ती जा रही है
जिस का काम था राह दिखाना
आज वही राह से भटका रही है...!

37. अखबारों की सुर्खियाँ

मुझे कभी भी अखबारों की ख़बर पसंद न आयी

इनकी सुर्खियों में देखी है, अक्सर मैंने तबाही

ये अखबार कोरे कागज के होते है मगर,

ख़बर काली दिखाते है

इन अखबारों में, कुछ चुटकुले होते है

जो मुझे पसंद नहीं आए

अक्सर बड़े लोगों, को देखा है मैंने इनमें

जो अपना चरित्र है दिखाते

राजनीति तो कभी सामजिक चित्र है दिखाते

समाज की गंभीर और गंदी ख़बरों से मुझे वाकिफ़ है करवाते,

हर क्षेत्र का ज्ञान वो है बाटना चाहते

हर क्षेत्र की घटित घटना की जानकारी है देना चाहते

इनका प्रभाव, और इन से कैसे जुड़े हैं हम, ये है बताना चाहते हैं,

ये अखबार नहीं है, मुझे रुलाना चाहते,

कुछ मुख्य ख़बर आगे है दिखाते, जरूर पढ़े लोग इसे, ये है बताना चाहते

महानगरों में क्या है होता या क्या है घट रहा

ये है बताते

महानगरों की पूरी कवरेज कर के है दिखाते

सामाजिक और असामजिक घटनाओं से वाकिफ़ है कराते

फिल्म फेयर की खबरों को भी हवा में है उठाते

किसने क्या है पहना, किस ने क्या है बोल दिया,

किस ने किस का दिल लूट लिया, किस ने किस का दिल तोड़ दिया,

किस के क्या है राज़, किस की क्या है अगली चाल,
कौन, कैसे, कहाँ, क्या कर रहा है ये है बताते,
राजनीति के भी अच्छे दर्शन, है कराते
हर दल के कपड़े यहाँ है फाड़े जाते
हर मासूम चेहरे के, पीछे के काले चेहरे
यहाँ है दिखाते,
हर विचार के पीछे की सोच
यही है दिखाते
राष्ट्रीय और अंतरराष्ट्रीय ख़बरों की जानकारी भी है बताते

यहाँ एक कोलम है विचारों का
जनता और लेखकों की सोच के गलियारों का,
कुछ ज्ञान की बातों का
और मनुष्य के जज्बातों का
कुछ मीठी बातों का, तो कुछ तीखे विचारों का
इस में एक काग़ज़ है अर्थशास्त्र का
लेन देन की बात का
सौदा करना ये सिखाता है
सही मायनों में, उसकी बाजारी कीमत बताता है
कंपनी के उतार- चढ़ाव को ये दिखाता है
देश कितना डूबा है ये भी बताता है
देश की अर्थव्यवस्था का संकट भी हमें दिखाता है,
महगाई के चार्ट का स्तर भी हमें दिखाता है
ये काग़ज़ धन का ज्ञान रखना हमे सीखता है
एक पेज है खेल जगत का
ये खेल के इतिहास को बताता है
कुछ खिलाड़ी नया इतिहास बनते है ये
उसे भी बताता है
कौन कैसा खेला, उस के परिणाम भी दिखाता है

भविष्य के सितारों से नयी उम्मीद भी ये दिखाता है,
इस का अंतिम पन्ना सब से अंत में आता है
उस में कुछ खास ख़बरों को ही दिखाया जाता है
कोई ख़बर छोटी, या महत्वहीन नहीं होती ये दिखाया जाता है
कुछ उपलब्धि को भी बताया जाता है
और कुछ गिले-शिकवें को भी दिखाया जाता है
इन अखबारों में मेरे समाज का शीशा दिखाया जाता है
उस को रोज साफ़ नहीं किया जाता
उस में और, रोज़ गंध है भरते, ये बताया जाता है
ये अखबार है जनाब,
इन में मेरे देश के हाल और हालातों को बस, सूचना तक ही
दिखाया जाता है..!!

38. नाबालिग अवस्था : एक श्राप

नाबालिग एक अवस्था है , जिसे श्राप बना रहे है
मासूमों को अपनी हवस का, शिकार बना रहे है
मासूमों मे भी कामुकता की नजर ना जाने किस कदर अपना रहे है
वो पापी लोग खुद को पुरुष बता रहे है
बच्चों मे मासूमियत ना देखा, उन से दरिंदगी करते जा रहे है
देश की राजधानी हो या राज्य सभी जगह यही घटनाएँ बढ़ा रहे है
टी वी चैनल वाले आवाज़ नहीं डिबेट शो बना रहे है
सरकार इस मे खेद जता रहीं है, कोई कठोर कानून नहीं बना रहीं है
लोगों मे इंसानियत इस कदर मरती जा रहीं है, कि उन के हलक से आवाज़ बाहर नहीं आ रही है
आम आदमी ही इस घटना का शिकार है
शायद, क्योंकि रुतबे दार इस पहल से बाहर है
रोज इन घटनाओं के केस बढ़ते जा रहे है
इन के आकड़े तो अब डरा रहे है
अब तो मेरा मन उन लोगो की मन, बुद्धि, मानसिकता और सरकार पर सवाल उठा रहा है
कैसे मेरे समाज का निर्माण होता जा रहा है?
क्योंकि मेरे समाज का नजरिया बदलता जा रहा है
गाँव तो गाँव अब शहरों मे भी जंगल राज़ बढ़ता जा रहा है
शायद, इंसानों मे जंगली गधे की मनमानी के गुण आ रहे है,

इसलिए वो ये मार्ग अपना रहे है

रोज अखबारों की सुर्खियों को देख मेरा दिल दहल जाता है
सुर्खियों मे ही दरिंदगी, बलात्कार का शब्द नजर आता है
देखता हूं हर नजरिए से, शायद समाज एक ही नज़रिया अपनाता
है
हमारी सरकार विश्व स्तर पर भारत का नाम ले रही है
हमारी सेना रक्षा के लिए अपनी जान की बलि चढ़ा रही है
हमारा किसान पेट भरने के लिए भूमि पर ही मर जाता है
वो ही छोटे तबके का है और उसी का घर लुट जाता है
और दरिंदगी भरे समाज मे लोग को ये बलिदान नजर नहीं आता
है
मैंने समाज मे रहते लोगों के टटोले उन मे ही भरा मलाल है
कैसे मजबूत बनेगा समाज, जब नींव मे ही दरारें है
जब ही तो बना ऐसा समाज है
पश्चिम के दिखावे मे भूल रहे संस्कार है
वेश-भूषा बदली है, मगर कुरीतियों का वही जाल है
आज भी चल रहे देश में धार्मिक बवाल है
दरिंदगी के बाद, बच्चों की शुद्धीकरण करो कह कर दुख जता रहे
है
मुज़रिमो को सजा मिले कह कर, बस सिर झुका रहे है
हमारी युवा पीढ़ी हो या हो वृद्ध पीढ़ी, महिला हो या हो पुरुष, सब
के मन मे मलाल है
होश उठे मेरे जब पाया इन चारो के विचार है
हर पहलू मे लड़की कमजोर है क्यों,यही मेरा सवाल है
हर सवालों के उत्तर मे लड़कों के ओहदे को ऊँचा पाया
कोई ना कर पाया इस का बहिष्कार है,
शायद, इसलिए ही पुरुष प्रधान मेरा समाज है
इसलिए ही ये कर रहे अत्याचार है

पश्चिम के पहनावे को अपनाया क्यों? औरतों मे ही यही सवाल है
दरिंदगी का कारण वस्त्र है, ये कैसे जवाब है?
मासूम बच्चों में भी क्या कहीं कामुकता का एहसास है?

उन दरिंदगी की सोच और मानसिकता खराब है जिस से पूर्ण पुरुष
समाज भुगत रहा है
हर चौराहे मे लड़की लड़की को पुरुषों से डर लग रहा है
कुछ समझदारों ने, दरिंदगी का कारण कपड़ों को बताया
मगर इस कहर की चपेट में हर वस्त्र आया
साड़ी हो या हो सूट सलवार, बुर्का, या हो जीन्स
हर वस्त्र के रूप मे, लड़की ने झेला इस का वार

मासूमों ने भी झेला इसका प्रहार
परिवार मे शायद, परवरिश का नज़रिया बदल गया है
समाज मे पुरुषों के भेष मे नपुंसक लिंग घूम रहे है
और ये ही दरिंदगी के खेल खेल रहे है
कामुकता कपड़ों मे नहीं सोच मे है
इसलिए नाबालिग इसे झेल रहे है

39. मेरा गाँव आज भी...

मेरा गाँव आज भी एक जंगल है
पुराने रीति-रिवाजों का दंगल है
यहां आज भी कुप्रथा विद्यमान है
मेरा गांव नहीं बुद्धिमान है
यहां आज भी दलित विद्यमान है
यहाँ आज भी जाति प्रथा की पहचान है
सुना है विकास भी यहां आया था
ज्यादा समय रुक नहीं पाया था
काया सिर्फ बदल सका
लोगों का विकास ना कर पाया था
फिर विकास भी यहाँ नहीं टिक पाया था

मेरा गाँव आज भी जंगल है
मेरा गांव हर बुराइयों का दलदल है।
यह दूर बैठे लोगों को बड़ा लुभाता है
जो इसे समझ ना सके उसे बड़ा सुसज्जित लगता है ये
देखने में बड़ा खूबसूरत दिखता है
शहर वालों को शहरों से बड़ा खूबसूरत दिखता है
मेरा गाँव आज भी...
मेरा गाँव आज भी जंगल है
ना यह गांधी के सपनों का गांव लगता है
और ना ही यहाँ बाबा साहेब के कानूनों का पालन दिखता है

मेरा गाँव आज भी...

मेरा गाँव आज भी जंगल है

मेरे गांव में बदलाव तो बहुत हुए, लेकिन यह बदला नहीं ,
पुरानी जंजीरों से यह निकला नहीं है, आज भी एक पिंजरे में कैद
है
पुराने विचारों में यह लुप्त, आज भी यहाँ जंगल सा प्रवेश।

40. मेरे देश की मिट्टी का क्या कहना...

मेरे देश की मिट्टी का क्या कहना...

जन्नत है इस की मिट्टी
और इस का रहना,
मधुर हवा बाहें यहां पर
और शांति का डेरा
मेरे देश की मिट्टी का क्या कहना...
यहां के लाल लालिमा सूरज की
हर देश को ये भाति है,
दुश्मन फिर अपना हो जाता है
जब इस मिट्टी से खुशबू आती है,
यहां अपनों की बस्ती है
गैरों के लिए जगह नहीं
गैर भी अपने हो जाते हैं
जब इस मिट्टी में वो भी आते है,
मैंने इस मिट्टी को माथे से अपने लगाया है
चंदन है ये मेरी मिट्टी
इस को मैंने अपना रक्षा कवच बनाया है...
मेरे मस्तक को ये शांत करे
मुझे शांति ये देती है
मेरे देश की ये मिट्टी मुझे गर्व करने का मौका देतीं है
मैं 'अजय' हूँ मेरा देश 'अजय' मेरे देश की मिट्टी सदैव 'अजय'...!

41. पर्यावरण और हम

पूंजीवाद के दौर ने विनाश मचा दिया

पर्यावरण से बने है हम

और उन्होंने पर्यावरण हम से बना दिया

पर्यावरण पर कहाँ है किसी की नज़र ?

स्वार्थी मानव ने सब कुछ भुला डाला

अभी के थोड़े लाभ ने उन्हे अंधा बना डाला

स्वार्थी मानव ने पर्यावरण को मौत का पर्याय बना डाला

नदियां जीवन वाहिनी है

उसे जीवन दाहिनी बना दिया

वायु प्राण देती है और आज के दौर में ये प्राण लेती है

मानव ने पर्यावरण का इस कदर विनाश कर दिया कि

अब पर्यावरण मौत का तांडव दिखा रहा है

मानव पर्यावरण के प्रति चिंतित हो रहा है

लेकिन कुछ कर के नही दिखा रहा

पर्यावरण कल आज और कल

सभी के लिए ये रहस्य बनता जा रहा!

42. जो कहा सुना जायेगा

जो कहा सुना जायेगा
तुम्हारी बातों को भी रखा जाएगा
तुम्हें भी बोलने का अधिकार है
ये अंधेर नगरी नहीं
लोकतंत्र सरकार है
यहां कानून व्यवस्था और मानव अधिकार है
तुम्हें तुम्हारी सही बातों को बोलने का अधिकार है
जो तुम ने कहा है उसे सुना जाएगा..!!

43. चुनावी माहौल

अब फिर गलियों में
ढोल, नगाडो का शोर शुरू हो गया है
जब से पता चला चुनावी माहौल शुरू हो गया
गली-गली बस प्रत्याशी के ही चर्चे है
जो कभी अपनी शक्ले नहीं दिखाते थे
आज वो हम से हमारी समस्याएं पूछने आते है
गंदी-सी सकल और ऊपर से मुस्कराते है
टूटी सड़क, बहते गंदे पानी के पास खड़े हो कर
विकास की बता कर के चले जाते है
ये ना जाने कौन सी मिट्टी के बने है? इतने झूठे वादे को तोड़
कर भी ये अपना चेहरा दिखाते है...
ये चुनाव के प्रत्याशी है जनाब
ना जाने कैसे ये शर्म से भी नहीं शर्माते..
ये चुनावी मैदान में इसलिए ही तो है आते..!!

44. आम आदमी

एक आम आदमी ही क्यों परेशान है?

क्यों वो ही जुल्मों और दर्दों का शिकार है?

ये क्यों साधारण का साधारण ही रह जाता है?

ये क्यों मज़बूर का मजबूर ही रहा जाता है?

ये क्यों शीशे में देख कर मुस्कुरा नहीं पाता है?

ये हमेशा ही क्यों पीछे रह जाता है?

ये क्यों डर डर के जीवन बिताता है?

ये क्यों ना जाने हर हादसे का शिकार हो जाता है?

ये आम और साधारण आदमी क्यों आम और साधारण ही रह

जाता है..!!

45. माँ

माँ
मेरी जिंदगी का पहला प्यार,
जो मेरी अंत के बाद भी रहेगा बरकरार,
तेरी गोद में जन्नत मैंने इस जिंदगी में ही पायी हैं,
मेरी रूह में तेरी ही तो दी जिंदगी आई हैं!
कैसे कह दूँ कि मेरी जिंदगी बेकार है
जब तेरा प्यार मेरे पास है!
मेरी जिंदगी का पहला प्यार ,
जो सिर्फ़ है तेरे ही नाम!
मेरे लिए जिंदगी तो बस तेरा साथ है,
तू मेरे पास हैं तो सब कुछ मेरे पास हैं!
तेरे नाम के बाद ही तो मेरा नाम है,
मैं तेरी परछाई और तू मेरी आई है!
मेरी जिंदगी का पहला प्यार,
मेरे दिल में बसुमार बस तेरा प्यार,
खुदा भी है अजनबी, जब तू मेरे सामने हो खड़ी !!

46. हालत माँ के

आज मेरे सपूत मुझे बता रहे है
कैसे घर चलाना है? मुझे सिखा रहे है

जिन की बातों मे, मैं कल तक हँस जाती थी
आज वो ही अपनी बातों से मुझे रुला रहे है

जिन्हें पढ़ायें मैंने शांति के पाठ
और आज वो मुझे शांत होना सिखा रहे है
जिन को मैंने बोलना सिखाया
आज वो मुझे चुप रहना सिखा रहे है

कल तक जो मेरे बातों को उपदेश मानते थे
आज वो मेरी बातों की अवहेलना कर के बता रहे है

जिन के लिए मैं कभी सर्वप्रिय थी
आज वो मुझ से सर्वघृणा दिखा रहे हैं

जिन नन्हें हाथों को पकड़ कर मैं पाठशाला भेजा करती थी
स्वच्छ ज्ञान प्राप्ति के लिए
आज वो हर रोज मुझे दूषित ज्ञानों से अवगत करा रहे है

जिन्हें मैंने संस्कार सिखाये, आज वो मुझे संस्कारी बनने को बता
रहे है

जिन पर मैंनेअपना प्यार बरसाया, आज वो मुझे ब्याज के साथ
अपने क्रूर व्यवहार के दर्शन करा रहे है

जिन के लिए मैं रात - रात भर नहीं सोती थी उन के प्रति प्यार
की वज़ह से,
आज भी नहीं सो रही हूँ मैं, उन के दुव्यर्वहार की वज़ह से
उस समय तो डर के आंसू निकलते थे और, आज ग़म के आंसू
निकलते है

जिन के ऊपर मैं जान छिड़कती हूँ, आज वो ही मेरी जान लेने पे
तुले है
जिन्हें बड़े अरमानों से पाला, और उन्होंने मेरे अरमानों को भूला
दिए
मेरी हर खुशी को, दुख में बदल के दिखा दिया
मेरे हर खुशनुमा लम्हों को, दर्द में बदल दिया
मेरी हर चाह में अब, परिवर्तन कर दिया
जहां मैं उन के प्यार में पागल थी, आज उन्होंने मुझे सच में
पागल कर दिया
जिन के लिए मैं जी रहीं थी आज उन्होंने ही मुझे मार दिया
जिन्हें मैंने संभाला और वो, मुझे संभलना सिखा रहे हैं
मेरे हर शब्दों में प्रश्न उठा रहे है
मेरे मन में उठने वाले हर ख्यालो में, पर्दा गिरा रहे है

जिन शब्दों का मैंने चयन करना सिखाया, वो तो कहीं खो गए
जिन्हें मैंने तमीज सिखाई वो कहीं दफन हो गई
जिन आखों को मैंने दिशा दिखाई वो दिशाहीन हो गई
जिन्हें मैंने दूसरों को खुश करना सिखाया, आज वो स्वयं को खुश
करने में व्यस्त हो गए

जिन्हें मैंने रौशनी से रूबरू कराया था, आज वो मुझे अंधकार से
अवगत करा रहे है

अब तो मैंने खुद को सवालों से घेर लिया है
सवालों के दरिया में खुद का दामन पसेर लिया है
ख़ुशी को दर्द की चादर में समेट लिया है
क्या कमी रहीं मेरे प्यार में जिस से उन्होंने मुझे अपनी जिंदगी से
बड़ी बेसब्री से खदेड़ दिया है!

47. माँ का साथ

माँ
दुनिया का एक ऐसा अनोखा साथ
जिस की तरह नही है कोई हाथ!
जो हर वक़्त सर पर रहता है
हर दर्द के बाद भी ,
अपनो में दर्द का साया भी
भटकने नही देता है!
दुनिया की बला से,
जो बचाता है!
हर वक़्त उस का आशीर्वाद है ,
जो भाग्य बनाता है!
दुनिया की खुशियाँ
उस के पास है
जो इंसान उस के चरणों में है,
बस वही जान पाता है

48. माँ का हाथ

न जाने कब मैं बड़ा हो गया

जिंदगी की भाग दौड़ में मैं भी खड़ा हो गया

तेरे हाथ की सीमा से ना जाने कब धीरे-धीरे दूर हो गया हूँ

न जाने क्यों मैं बड़ा हो गया हूँ

आज भी याद आता है

जब मैं तेरे साथ स्कूल जाता था

पकड़ के तेरे उंगली मैं तेरे कदमों से अपने छोटे-छोटे कदम

मिलाता था

सुबह उठ कर मैं तेरे गले लग जाता था,

तेरे साथ खेलता और तुझ से रूठ जाता था,

अपनी जिद मनवाने के लिए, मैं तुझ से रूठ जाता था

स्कूल से घर आके तेरे हाथों से खाना खाता था

तेरे हाथों तक ही सीमित था मैं

मेरी दुनिया तू थी, मेरे संसार में बस तू ही थी

न जाने जब से बड़ा हुआ हूँ,

दुनियादारी में पड़ा हुआ हूँ,

तुझ से दूर होता जा रहा हूँ

न जाने कैसे जीते जा रहा हूँ

तेरे हाथों की छाया से दूर होता जा रहा हूँ

मैं क्यों बड़ा होता जा रहा हूँ?

49. शुक्रिया ईश्वर

अंजान था मैं

इस संसार से, परिचय तुमने करा दिया

पहले मुझे यहां जन्म दिया,

फिर अपने ही एक स्वरूप से मिला दिया,

उसने मुझे बड़ा किया, और सही मार्ग दिखा दिया

फिर उसने ही मुझे ईश्वर आपसे परिचय करा दिया।

चलना था तो मैं सीख गया, संभलना भी मुझे सिखा दिया।

गिरने तुमने दिया नहीं, उससे पहले ही बचा लिया,

अपने हाथों में मेरा हाथ थाम कर ,मुझे अच्छे से चलना और

संभलना भी सिखा दिया!

दुनिया की इस भीड़ में, भीड़ का हिस्सा न बनू मैं ,

मुझे एक मेरी पहचान से रूबरू करा दिया,

ईश्वर आप ने मेरा भी एक वजूद, इस भीड़ से अलग बना दिया!

शुक्रिया आप का,बिन मांगे ही तुमने सब कुछ दे दिया,

जितना सोचा था उस से कही ज्यादा ही मेरी जिंदगी को दे दिया!

शुक्रिया उन खुशियाँ का, जो तुमने मुझे दे दी,

जिनका का हकदार नही था मैं, उन का भी हकदार बना दिया

शुक्रिया आप का , वक्त की इस भाग दौड़ भरी जिंदगी में

तुम मेरे साथ रहते हों,

पीछे मुड़ कर नही देखता हूँ मैं, क्योकि तुम मेरे साथ रहते हों,

शुक्रिया आप का,जो तुमने मुझे अब तक दिया ,

मैं कही झोली नही फैलता हूँ

दिल से तुम्हारा नाम लेता हूँ,

और इस संसार के सारे काम करवाता हूँ!

हँसी के साये में ,खुशी के साथ में रहता हूँ
मेरे दिल से मस्तिक में विराजमान हों तुम
तो फिर कहाँ मैं इस संसार की धारा में बहता हूँ
शुक्रिया, शुक्रिया और शुक्रिया.... ईश्वर आप का!

50. ईश्वर की

परियों-सी नहीं, वह ख़ुद एक परी है,
जादू की छड़ी, उसके हाथों में धरी है;
साधारण नहीं, वह असाधारण है,
वह आधुनिक सभ्यता से परे, आदरणीय है।
हर पात्र में वह नि:स्वार्थ है,
फूलों की कलियों-सा व्यवहार है;
परिस्थितियों के अनुकूल है, परिश्रम का वह फूल है,
कोमल हृदय और शक्ति से भरपूर है वह,
शांति और चाँदनी का स्वरूप है वह।

स्वरों से मधुमेय, व्यवहार से चंचल है वह,
निर्माया और निर्मल है वह;
एक अनोखी, अनदेखी छाया है वह,
नि:सन्देह, बड़ी अनोखी काया है वह;
ममतामयी एक साया है वह,
अटूट प्रेम समाये है वह।

ख़ुशियों का समुंदर और भूमि का चाँद है वह,
चेहरे की लाली और घर की दीवाली है वह;
आसमाँ के तारे, और धरती की हरियाली है वह,
हर राह में रोशनी देने वाली है वह;
ईश्वर की छाया है वह, और-
मेरे हाथों में राखी बाँधने वाली वह;
भाग्यशाली हूँ मैं, और वह....

जो बहन वाला है।

ख़ुशनसीब है वो, जिनकी बहनें हैं,
मुक़द्दर की नहीं, यह ईश्वर की देन है।

51. तुझ से कभी कह न सका

तुझसे कभी कह न सका , कि तुझ से प्यार है
तेरी हर अदाओं पर, दिल बेकरार है
तुझसे नजरें, कभी हट नहीं पाती
ये नज़रें तेरे सिवा कहीं और नहीं जाती!!
तुझको देख कर दिल की धड़कने तेज हो जाती है
तू न दिखे तो बेचैन हो जाती है
तेरा सजना सवरना मेरे लिए उपहार है
मेरे लिए तो तू ही मेरा संसार हैं!!
तेरे आने से पहले ही, तेरी आहटें मेरे दिल मे दस्तक दे जाती है
तेरी वाणी मे मेरी दुनिया खो जाती है
तेरी हर अदा से मुझे प्यार है
तेरे बिना अधूरा मेरा संसार है!!
तेरी माया, और तेरी काया में ,
शारदा-सा एहसास है
नारायणी-सा स्वरूप तेरे पास है!!
तू पावन और मनभावन है
अंबिका-सा तेरा रूप है
तेरी वंदना में खो जाता हूँ
आनंदमय हो जाता हूँ,
जब जब साथ तेरा मैं पता हूँ!!
कहना तो तुझ से, बहुत कुछ चाहता हूँ
पर तेरे से कभी कह नहीं पता हूँ
तेरे साथ मैं जिंदगी भर का चाहता हूँ,

लेकिन तुझ से कभी कह नहीं पता हूँ।
तुझसे कभी कह ना सका कि तुझ से मुझे प्यार हैं,
देख मेरी आँखों में, बस तेरे नाम का ही एक मेरा संसार है!

❧❧❧

52. हर शाम तेरे ही साथ गुजारूँ

हर शाम तेरे ही साथ गुजारूँ

वक़्त कम पड़े तेरे लिए

दिन दिन नहीं, बस कुछ घंटे लगे तेरे लिए

इन हाल से मैं ख़ुद को गुजारूँ

हर लम्हा तुझे पुकारूँ।

हर लम्हा तुझे पुकारूँ

तेरे लिए खुद को सुधारूँ

हर सुबह तेरे साथ है

हर शाम तेरे नाम है

ख़ुद को मैं तेरे संग गुजारूं

हर लम्हा तुझे पुकारूँ।

हर लम्हा तुझे पुकारूँ

तेरे ख्याल को सच करने के लिए

खुद को दिल जान से तेरे लिए

ज़मी पर उतारूँ

हर लम्हा तुझे पुकारूँ।

53. मैंने चाहा

मैंने चाहा तो लाख दफा

कि तुझ से कुछ कहूँ

खोल अपनी दिल की तिजोरी की किताब

सब बातें तेरे समक्ष रख दूँ

फिर सोचा कि तुम समझ जाओगी

मेरे दिल के राज तुम हो

ये तुम ही मुझे बताओगी

मैं मुस्कुराऊंगा और तुम सब जान जाओगी

तुम्हारी पलके मुझे तुम्हारा हाल बताएगी

और तुम मुस्चेकुराता चेहरा लेकर मेरे पास आओगी

फिर बाते हमारी भी कुछ खास होंगी

कुछ वादे और कुछ नयी मुलाकात होंगी

ये सिलसिला बस यूँ ही, चलता जाएगा

और हमारी मौजूदगी को बस, ये बतायेगा

कुछ तुम्हारे वादे और कुछ मेरे वादे

ये दिल सदा दिल से निभाएगा

कुछ वादे तुम्हारे, मैंने खुद से किए थे

जो ये मेरा दिल सदा निभाता है

तेरे सिवा ये, किसी को भी देखने से, एतराज जताता है

तुम हो या ना हो, ये तुम्हारा ही है

ये वादा मेरा दिल सदा निभाता है

54. तेरी जुल्फों के साये में

तेरी जुल्फों के साये में
मैं समा जाऊँ
तेरी आँखों का काजल और सुरमा
मैं बन जाऊँ
तेरे साये में मेरा साया हो
मेरी परछाई में भी बस तू ही नजर आए
मैं तुझे देखू और तू मुस्कुराये
तेरी जुबाँ पर, बस मेरा ही नाम आए
मेरी दिल की धड़कनों में बस तू ही समा जाए
तेरी हर अदा में, मेरा दिल कुर्बान है
तू मेरी जमीं और मैं तेरा जहां हूँ
आसमा से ज़मी तक हमारे प्यार के निशान हो
तेरी जुल्फों के साये में ही मेरा जहान हो..!!

55. आओ मरहम बन जाते है...

आओ मरहम बन जाते है...
जिंदगी की राह में
एक दूसरे का साथ निभाए
कभी मैं टूटूं तो तुम मुझे जोड़ देना
तुम टूटो तो मैं!
मंजिल एक है
हम दोनों राही की
चल रास्ते में साथ जाते है !
कभी मैं गिरु तो,
मुझे उठा देना
मंजिल से भटकूँ तो
सही राह दिखा देना
जरूरत पड़े तो लगा देना
बस, हमारी मंजिल तक हमें पहुँचा देना!
हर वक़्त मैं, तुम्हारे साथ हूँ, मंजिल से आगे तक का हाथ हूँ,
बिन साथ तेरे कहाँ पूरा हूँ, तेरे हाथ के बिना अधूरा हूँ!
अकेले तेरे बिना, कोई वजूद नहीं
सच हूँ मैं, कोई झूठ नहीं
डर लगे राह में ,तो उसे हटा देना
दर्द मिले दुनिया से तो
मरहम लगा देना..!

56. तेरा चेहरा

रातों के अंधेरों में बस, चेहरा तेरा ही मुझे नजर आता है
तू बिजली-सी चमकती है, और मेरा चेहरा मुस्कुराता है
दिया बुझने से पहले, बस ख्याल तेरा ही आता है
तू ख़्वाबों की मलिका, मेरे ख्वाब भी तुझ में खो जाते है
हर वक़्त मेरी निगाहें, बस तेरी नजरो में टिक जाती है
तू जो हंसती है, तो मेरा जहां थम जाता है
जब तू दिखे, तो मेरे कदम खुद आगे बढ़ जाते है
अंधेरी रातो में वो तेरे साये के पीछे जाते है..!!

57. आज भी...

आज भी...
तुम आज भी वही हो,
बदली नही हो
वक़्त काफी गुजर गया है,
फिर भी तेरे अंदाज में कहाँ कोई फर्क पड़ा है!
एक लम्बे अर्से बाद तुम को देखा,
दिल तुम पर ही रुक गया है
कहा कुछ बदल गया है!
तुम आज भी वैसे ही मुस्कुराती हो,
झुकी निगाहों से नजरे मिलाती हो,
बिजलियाँ आज भी मेरे दिल पे गिराती हो।
तुम आज भी वैसे ही शर्माती हो,
तुम आज भी बदली नही..!!

58. मुझे अंदाजा न था

मुझे अंदाजा न था
वो मुझे इस कदर चाहेगी
मुझमें ही जायेगी वो और
मुझ में ही खो जाएगी
मेरी पलकों में रहेगी वो
और मुझ में ही समायेगी
मुझे अंदाजा न था
वो मुझे इस कदर चाहेगी..!!

59. जब मैं तुम्हारे पीछे-पीछे

जब मैं तुम्हारे पीछे पीछे

ना जाने कब तुम्हारे घर पहुंच जाता था

तुम्हारी आँखों में खुद को देखता

और मुस्कुराता था

कैसे तुम को देख कर, बस वहीं रुक जाता था

तुमको देखने के लिए,

घंटों उस रास्ते में अपनी पलके बिछाए, तुम्हारे आने का इंतजार

किया करता था

तुम से नजरे मिला कर, वो नजरे हटा नहीं पाता था

दूर तक बस तुमको ही देखता जाता था

क्या तुम्हें सच में याद नहीं?

मैं तुम्हें और तुम्हें ही प्यार करता हूँ

बस तुम्हीं को अपने दिल के पास रखता हूँ

मेरी धड़कनों मैं, आज भी बस तू ही धड़कती है

मेरे एक तरफ़ा प्यार में ही सही

तू मेरी आँखों में बसती है

मेरे दिल में तू रहती है

आज नहीं तो कल

तुझे भी ये नज़र, आ ही जाएगा

अगर, तुम्हें सच में याद नहीं

तो कोई नहीं,

तुम्हें याद आ जाएगा..!!

60. हर लम्हा तुझे पुकारूं

हर लम्हा तुझे पुकारूं
हर शाम तेरे ही साथ गुजारूं
वक़्त कम पड़े तेरे लिए
दिन दिन नहीं, बस कुछ घंटे लगे तेरे लिए
इन हाल से मैं ख़ुद को गुजारूं
हर लम्हा तुझे पुकारूं ।
हर लम्हा तुझे पुकारूं
तेरे लिए खुद को सुधारूं
हर सुबह तेरे साथ हैं
हर शाम तेरे नाम हैं
ख़ुद को मैं तेरे संग गुजारूं
हर लम्हा तुझे पुकारूं ।
हर लम्हा तुझे पुकारूं
तेरे ख्याल को सच करने के लिए
खुद को दिल जान से तेरे लिए
ज़मी पर उतारु
हर लम्हा तुझे पुकारूं ।।

61. जब देखो गुस्ताखी कर बैठता है

जब देखो गुस्ताखी कर बैठता है
जिनसे मैं नजरे चुराना चाहता हूँ
ये उन को ही है दिख जाती
हर जगह उन्हें ही है अपने करीब पाती
और जब वो और क़रीब है आते तो ये
सब कुछ भूल कर खामोश हो जाती
चैन नहीं है मिल पाता दिल को
जब तक ये दिल उन के करीब है नहीं जाता
शायद आदत हो गई है इस दिल को
उस दिल के साथ की.........!!

62. ख्याल

तुम्हें देख बस एक ख्याल आता है
तुम एक चांद का टुकड़ा हो,
तुम्हें देख कर
मेरा चांद नज़र आता है,
तुम एक हीरा हो, एक क़ीमती नगीना हो,
अदाओं ने तुम्हारी स्वर्गदूतों को भी मारा है,
तू जन्नत की हूरो की भी मलिका है,
तू इत्र नहीं, फिर भी इत्र की महक तुम में समाई है
तुम किसी की परछाई नहीं, खुद कई तेरे परछाई है..
तू अंबर का महताब, जिसे सब निहारते है
हज़ारों टिमटिमाते सितारे, तुझ-सा बनने

63. तुम

आज फिर मुझे वो अपने पुराने दिन याद आ गए
जब तुम्हें देख मेरी सासें तेज हो जाया करती थी
मेरी दुनिया तुम्हें देख रुक जाया करती थी
मैं बस कोशिश किया करता था, तुम से बात करने की
लेकिन बस मुस्कुरा देता था, कुछ बोल नहीं पाता था
सच कहूँ तो, मैं तुम्हें देख खुद शर्माता था
अपनी पलके नीचे झुकाता था
जिस दिन तुम मुझे नहीं दिखती थी, वो दिन मैं बिता नहीं पाता
था
तुम्हें सोच-सोच कर बस, दिन को आगे बढ़ता था
तुम्हारे ख़्वाबों में पहले मैं खो जाता था
और आज खोया रहता हूँ
आज कल तो यूं आलम है
तुम्हारी गलियों में तुम्हें निहारता हूँ
आज़ कल तो बस, मैं यहीं सोचता हूँ कि
मैं तुम्हें अपने दिल का हाल बता दूँ
तुम मेरे दिल मैं रहती हो ये राज़ बता दूँ
अब मुझसे यूँ, अकेले नहीं रहा जाता है
तुम्हें अपने ख़्वाबों से निकाल, अपनी जिंदगी में बुला लूँ
सोच रहा हूँ, तुम्हें अपने दिल के राज बता दूँ..!!

64. तेरी चाह

तेरी चाह में अब नींद नहीं आती
तुझे पाने के लिए
नींद भी ख़ुद है चली जाती
सपनो में भी तेरा ही दीदार होता है
अब पता चला कैसे किताबों से प्यार होता है
हर एक कागज़ को
ये निगाहें पढ़ना चाहती है
किताबों की गहराई में
ढलना चाहती है
हाथों में जब मन चाही किताब हो तो
निगाहें भी उन्हें पढ़ना चाहती है
किताबों की माया नगरी में
ख़ुद का आशियाना बनाना
और वहाँ अपने इश्क में डूब जाना
किताबी इश्क को बताता है
जब रातों के सपनों में भी वही नज़र आए
ये हमें तुमसे मोहब्बत हो गयी है
बताना चाहता है
ये इश्क इतना गहरा है कि रातों की नींद खो गई है
तेरा साथ ही मेरी दुनियाँ हो गई है!!

65. वो गुलाब का फूल

वो गुलाब का फूल

आज भी मैं तुझे नहीं दे पाया

उस रोज, जो मैंने तुझे देने के लिए सोचा था

लेकिन दे नहीं पाया

आज भी वही हाल है

ये रोज़ डे आज भी मेरे लिए बेकार है

ये फरवरी के आठ दिन

तेरी यादों के समुद्रों का पहाड़ है

तू ही मेरी वैलंटाइन डे , और तू ही मेरा पहला प्यार है

मेरे खाली दिल में, तेरी यादो का संसार है

वो तेरी यादो की खुशबु आज भी मुझे खूबसूरत लगती है

भले मैं आज तुम को गुलाब नहीं दे पाऊँ

लेकिन मेरे दिल में तू है

और अब मुझे तुझे ये गुलाब देने की ज़रूरत नहीं लगती है

मेरे दिल में, बस तू और बस तू ही बसती है...

66. चॉकलेट डे

तू प्यारी-सी

और प्यारी तेरी बातें है

प्यारी जैसी तुम हो

वैसे प्यारी तुम्हारी यादें है

प्यार से मैंने

प्यारी-सी, मेरी जान के लिए

प्यार से, प्यारी सी

यादे याद कर

प्यार से इसे मीठी, बनाने के लिए

वो चॉकलेटी सी, चॉकलेट ली थी

जो अभी तक तुझे दे ना पाया

वो मेरे पास रह कर, हमारी यादों को और मीठा बनाती है

तू तो नहीं लेकिन, तेरी मीठी यादें मेरे पास है

एक दिन तू भी मेरे पास होगी

तुझ से मिलने की ख़्वाहिश, मेरे ख़्वाबों की भी कम नहीं हुई

और, आज बढ़ गई है

आज चाकलेट डे है

शायद इसलिए और, निखर गई है

67. टेडी बेयर

बचपन में, मैं
अकेला रह नहीं पाता था
इसलिए मैं पूरा दिन मेरे
टेडी बेयर के साथ ही बिताता था
आज भी मैं ऐसा ही हूँ
मेरा टेडी बेयर बस बदल गया है
सूरज की पहली किरण से संध्या की अंतिम किरण तक
साथ तेरे मैं बिताता हूं
तू मौजूद नहीं होती, तो भी
तेरे साथ का एहसास होता है
तू मेरा वो टेडी बेयर है
जो बचपन में, मेरे साथ होता था
लगता है, आज वो अपडेट हो गया
चलने, फिरने और बोलने लगा है
मेरा ये टेडी बेयर भी
अपने दिल का राज़
खोलने लगा है
वो भी मुझे अपना टेडी बेयर
मानने लगा है
मेरा टेडी बेयर
तू मेरा और मैं तेरी
टेडी बेयर बोलने लगा है..!!

68. गले से लगा लो

जिन्दगी की चलती गाड़ी में
मैं इतना आगे निकल चुका हूँ
कि अब, बस मुझे अपनी बाहों में छुपालो
कि मुझे अब गले से लगा लो..
जिंदगी की भीड़ में
मैं कहीं खो गया हूँ
कि अब मुझे, इन शोर से बचा लो
दो पल मेरे साथ बैठ लो
और मुझे खोने से बचा लो
कि मुझे अब गले से लगा लो..
अकेला हूँ मैं, कोई साथ नहीं है
'अजय' हूँ मैं, लेकिन कोई पास नहीं है
चलता जा रहा हूँ मैं, मुझे दो पल के लिए रुका लो
अकेला ना हो जाऊँ मैं, मुझे इस ग़म से बचा लो
कि मुझे अब गले से लगा लो..!!

69. वैलंटाइन डे

अभी वैलंटाइन डे
आया नहीं है
दिल के मामलों में, किसी चीज़ का इन्तज़ार मत करो
अभी भी कह सकते हो
यूँ छुपा कर, वक़्त बेकार मत करो
कहीं हो ना, जाए देर
फिर उसका भी गिला होगा
कुछ पास नहीं होगा
फिर बस, बातों का किला होगा
अफसोस ही सिर्फ जताओगे
काश कह दिया होता उस से, फिर यही दुहराओगे
अभी भी कह सकते हों
बस थोड़ी हिम्मत जुटा लो
अभी से ख़ुद को उस के काबिल बना लो
अभी भी कह सकते हो
बस कह डालों..!!

70. जब तुम्हें मैं देखता हूँ

जब तुम्हें मैं देखता हूँ
कुछ गुस्ताखी कर बैठता हूँ
मेरा दिल
गुम हो जाता है
तुम्हें देख के
गुम नाम हो जाता हूँ मैं
गुमनामी में, खो जाता हूँ
गुम हो जाती है
मेरी आवाज़
तुम्हें देख के
मुझ में बसी हो तुम
तुम में, मैं भी रहता हूँ
मेरी धड़कन
गुम हो जाती है
तुम्हें देख के
शायद वो,
एक हो जाती है
तुम्हारी धड़कनों में
गुम हो जाती है..!!

71. बस यही सोचता हूं

बस यही सोचता हूँ
हर वक़्त हर लम्हा
बस इन्हीं ख्यालो को खरोंचता हूँ
तुमसे कैसे मिलूँ
मैं, ये समझ नहीं पाता
इसलिए, तुम्हारी गलियों के चक्कर हूँ मैं लगाता
तुम दिख भी जाती हो
तो बस खुश हो जाता हूँ
सब कुछ भूल कर
तुम में ही मैं खो जाता हूँ
ना मिलूँ तुम से, तो बस
एक ही ख्याल है आता
कि, तुमसे कैसे मिलूँ..?

72. गुम हो जाता है

जब तुम्हें मैं देखता हूँ
कुछ गुस्ताखी कर बैठता हूँ
मेरा दिल
गुम हो जाता है
तुम्हें देख के
गुमनाम हो जाता हूँ मैं
गुमनामी में, खो जाता हूँ
गुम हो जाती है
मेरी आवाज़
तुम्हें देख के
मुझ में बसी हो तुम
तुम में, मैं भी रहता हूँ
मेरी धड़कन
गुम हो जाती है
तुम्हें देख के
शायद वो,
एक हो जाती है
तुम्हारी धड़कनो में
गुम हो जाती है..!!

73. कैसी भी रात हो

कैसी भी रात हो
सब रात गुज़र जाएगी,
तेरे साथ के आगे
वो रात भी बदल जाएगी,
तेरे प्यार के आगे
वो राते
हमारे प्यार में बदल जाएगी..!!

74. हम इंतजार करते हैं

हम इंतजार करते हैं
तुम्हारे आ जाने का
पता नहीं कहाँ गुम, हो गई हो तुम?
इस दुनियां की भीड़ में
हम इंतजार करते है
वो दिन जल्द आएगा
जब हम साथ होंगे
हम दोनों एक दूसरे के पास होंगे
हम इंतजार करते है
तुम्हारे साथ जो पल बीते है
वो दुबारा दोहराया जाएगा
मेरे दिल की किताबों पर
तुम्हारा नाम सुनहरे अक्षरों से
सजाया जाएगा
हम इंतजार करते है
तुम जल्द ही मेरी जिन्दगी में
दुबारा आओगी
मेरे दिल के गलियारों में
हमारी मोहब्बत के फूल खिलाओगी
हम इंतजार करते हैं.......!!

75. एक यार जिंदगी में ख़ास होता है

एक यार जिंदगी में ख़ास होता है
वो बंदा दिल के पास होता है
हर वक़्त वो भले ही तुम्हारे पास ना हो
लेकिन उस का एहसास तुम्हारे पास होता है
एक यार जिंदगी में ख़ास होता है
उस बंदे से दूरी भले की कितनी दूर ही क्यों ना हो
उन दूरियों का बहुत दूर होना भी क्यों ना हो
पर उस में भी उस का साथ होना
दिल के पास होता है
एक यार जिंदगी में ख़ास होता है
जिंदगी में जिंदा रहना ही सिर्फ जिंदगी नहीं
जिंदगी में जीने के लिए
कोई पास भी होना चाहिए
एक यार जिंदगी में ख़ास भी होना चाहिए..!!

76. वो मीठे बोल उसके

वो मीठे बोल उसके
दिल में चुभते हैं
हँस के बाते करते हैं
पर अच्छे नही लगते हैं
वो मीठे बोल उसके
कड़वे मुझे लगते हैं
बातो के फ़रेब से
वो लूटते कई ऐब हैं
इन्हीं बातों के जरिये
करते वो ऐश हैं..!!

77. यूँ तेरा अचानक से

यूँ तेरा अचानक से,
बिन बुलाये मेरी जिंदगी में आना
और चले जाना
बहुत सवाल उठाता है।
ना आते तुम तो अच्छा था,
इस अकेले खालीपन का एहसास तो ना होता,
यूँ तुम्हारे जाने का दर्द दिल के पास तो ना होता,
तुम जो आये थे,
बदलने लगा था मैं,
ना जाने क्यो, हँसने लग था मैं,
अब सब शांत-सा हो गया है।
तेरे यूँ चले जाने से,
ये बंदा,
ख़ुद से अंजान-सा हो गया है.!!

78. इंतजार

हर दिन मैं रात का इंतजार करता हूँ,
रात वो महबूब है जिस से हर बात करता हूँ
कुछ पल के लिए, वो थम जाती है
वो भी थोड़ा, रुक जाती है
हाल मैं उसे बात कर
दिल हल्का कर लेता हूँ
और खुश अगर होता हूँ,
तो उसे भी अपनी खुशी में शामिल कर लेता हूँ
वो भले ही कितनी काली हो
मुझे एक नई उम्मीद ,
और रोशनी दे कर जाती है
उस से बात कर मुस्कुराता हूँ मैं
और वो भी हँस जाती है
हर दिन मुझ से ख़ुद का इंतज़ार करवाती है..!!

79. मुस्कुरा देता हूँ

मैं तुझे देख बस मुस्कुरा देता हूँ
अंदर से कितनी टूटा हूँ
तुझ से छुपा देता हूँ
इन आँखों में चमक आती है
जब तुम्हें देखता हूँ
और आंसू भी आते है
जब अकेले में होता हूँ,
फिर भी हँसता, खेलता हूँ
दिखाने के लिए
आँखों के आंसू छुपाने के लिए
तुम्हें नज़र नहीं आता
मैं अकेला हूँ
और अकेला ही रह, जाता हूँ
तन्हाइयों के आलम में हूँ, और तन्हाई में ही रह जाता हूँ
हर रोज मैं, झूठी मुस्कान दिखाता हूँ
तुम्हें तो बस मेरा, चेहरा ही नज़र आता है
ये टूटा दिल, टूटा ही रह जाता है..!!

80. मोहब्बत की बातें करने वाले

ये मोहब्बत की बातें करने वाले
मुझे हमेशा मिल जाते हैं
इन से बचना चाहता हूँ
मगर, ये हर जगह दिख जाते है
शायद, इश्क का क्षेत्र ही इतना विस्तृत है
कि इस से कोई बच ना सका
इश्क ने अपने में ही है सब को जकड़ रखा
हर किशोर ने इस को जाना है
एक उम्र है, जिस में लोग इस के दिवाने है
ये वही, मोहब्बत की बाते करने वाले है..!!

81. जब तुम साथ होते हो

जब तुम साथ होते हो
तो कुछ खास होते हो
वक़्त थम-सा जाता है
जब तुम्हारा साथ मिल जाता है
ये नज़रें बस तुम पर टिक जाती है
और घड़ी की सुई बस चलती जाती है

कुछ खास ही तुम्हारा साथ है
इसलिए इतना करीब हमरा साथ है

82. जिंदगी में कुछ

जिंदगी के कुछ पन्ने तो
बस यू ही पलट जाते है
हम खड़े रहते हैं
बस वो बदलते जाते है..
जिंदगी के कुछ लम्हें
बस यूं ही कट रहे हैं
हम खड़े है और
वो बदल रहे हैं
जिंदगी में कुछ जगह
हमने खुद को मज़बूत बनाया
फिर भी इतने टूटे
कि कोई रिश्ता जोड़ ना पाया
जिंदगी में कुछ पल
मैं हंसने की कोशिश करता हूँ
फिर देख आइने को
ख़ुद के ज़ख्मों पर
तसल्ली का मरहम रखता हूँ..!!

83. खूबसूरत जिन्दगी

कितनी खूबसूरत होती हैं ये जिन्दगी
जिसे हम यूं ही खराब कर देते हैं,
व्यर्थ के कामों में इस को बर्बाद कर देते हैं
कभी इस को समझ नहीं पाते,
तो कभी इससे है अनजान बन जाते,
ये जिन्दगी जीवन में एक बार ही मिलती है
ये ना जाने क्यों नही है समझ पाते
कितनी खूबसूरत है ये जिन्दगी
जिस को हम शायद समझना नहीं चाहते..!!

84. डिअर जिंदगी

ये जिन्दगी क्या लाज़वाब है
हर दिन इसका कुछ खास है..!!
माना कभी- कभी मैं इसको
समझ नहीं पाता हूँ..!!
अक़्सर मैं इस से रूठ जाता हूँ
लेकिन फिर भी, यही मुझे मनाती है..!!
नहीं चाहता मैं हँसना
फिर भी ये मुझे हंसाती है...!!
ये जिन्दगी मुझे हर रोज नया कुछ सिखाती है
जिंदगी कैसे जीना है ये ही मुझे बताती है..!!
ये ही जिंदगी मुझे अपने आप से
रुबरू करवाती है..!!
ये जिन्दगी मुझ से गैर नहीं
कभी मुझ से खफा नहीं
मुझे समझाती है..!!
इस दुनियां में कैसे जीना है?
इस दुनियां में क्या-क्या होता है?
किस हद तक होता है?
कैसा-कैसा समां ये दुनियां मुझे दिखाएगी?

ये जिंदगी इस का अनुमान मुझे बताती है..
इस दुनियां में क्या-क्या होता है ये मुझे बताती है..
किस कदर तक ये दुनियां मुझे तोड़ने में लगी है, ये उन से मुझे
संभलना सिखाती है...

जो समां मुझे ये दुनियां दिखाने वाली है उस का प्रतिरूप ये मुझे
पहले दिखाती है..!!
इतना ही नहीं
इन सब के बाद भी
ये जिन्दगी हज़ारों खूबसूरत लम्हें भी मुझे दिखाती है
ये सिर्फ मेरी है
ये मेरी जिन्दगी है
इस का एहसास मुझे हर वक़्त कराती है...

85. याराना

दुनियां की लाख भीड़ से अलग
सिर्फ एक तेरा साथ काफी है
हजारों हाथों से अलग
सिर्फ एक तेरा हाथ काफी है
फोन के लाखो कांटेक्ट अलग
एक तेरा नंबर काफी है
लोगों के व्यर्थ बातों से अलग
तेरी मेरी बातें काफी है
बेकाम के व्यर्थ लोगों के साथ से अलग
सिर्फ एक तेरे सदाचार का साथ काफी है
उन काले कामों से दूर
तेरी सही दिशा का साथ काफी है
तू साले मेरे घर से इनती दूर रहता है
फिर भी तेरा मेरे साथ रहना काफी है।

86. खालीपन

एक अजीब-सा खालीपन है
यारा, तेरे चले जाने से
अकेलापन है
तेरा यूँ हमसे मुँह चुराने में
दो पल का साथ ही देना था
तो ना देते तो अच्छा था
अब तुम्हारे साथ की जरूरत पड़ती है
तुम्हारे हाथ की जरूरत पड़ती है
तुम्हारा आना हमारी मर्जी से ना था
और ना जाना हमारी मर्जी से हुआ
लेकिन , तुम्हारी मन मर्जी के लिए भी मैं तैयार हूँ
कैसे कहूँ, कि मैं तुम्हारा अधूरा यार हूँ
एक अजीब-सा खालीपन जो तुमने दे दिया
मैं उसके लिए भी तुम्हारा शुक्रगुजार हूँ।

87. मुझको तन्हा कर दिया

अब मेरे ख्वाबों में भी ना आओ
जब कर दिया है तुमनें मुझे अकेला
तो मेरी मुस्कुराती जिंदगी से
मेरी मुस्कान ना हटाओ
पहले तो मैं अकेला था
फिर तुमने मुझे अकेला कर दिया
ना जाने क्यों तुमने
मुझे तन्हा कर दिया
हँसी भी मेरे चेहरे पर आती नहीं
तेरी फोटो देख
रातों में नींद भी आती नहीं
मेरा संसार जो तुमनें अकेला कर दिया
ना जाने क्यों तुमनें
मुझे तन्हा कर दिया..!!

88. तन्हा सफर

मुझे अच्छा लगने लगा है

लोगों के अनदेखे चेहरे से

ये सफर ही मुझे अच्छा लगने लगा है

दुनिया की झूठी शान से, दूर तन्हा सफर ही अच्छा लगने लगा है

झूठे लोगों से तो

अकेला सफर ही अच्छा है

लाखो की भीड़ से, मेरे अकेले का साथ ही अच्छा है

नाराज होना तो छोड़ दिया मैंने

जब से तन्हा सफर पर निकला हूँ

तन्हा सफ़र अब तन्हा नहीं लगता

जब से खुद को तन्हा दिल से जोड़ा है..!!

89. फ़िल्हाल तो नही

फ़िल्हाल तो नहीं
मैं इस क़ाबिल कि
तुम्हें अपना बना लूँ
तुम मेरे ख़्वाबों की मलिका हो
तुम मेरी ख्वाहिश हो
तुम्हें मैं ये बता दूँ
फिलहाल तो नहीं
इस क़ाबिल की तुम्हें
तुम से चुरा लूँ

90. आँखें थोड़ी भरी है...

आँखें थोड़ी भरी है

ये तुझे याद कर थोड़ी नमी है

आज फिर तेरी कमी का एहसास हो गया

अकेला खड़ा हूँ, कहाँ मेरा प्यार खो गया?

फिर, तेरे ना होने पर

सबकुछ अधूरा-सा लगता है

तेरी कमी में तो ये पूरा जहाँ भी कहाँ मेरे लिए पूरा लगता है

तुम्हें अभी भी नहीं मैं भुला पाया

दिल में बस तेरा ही चेहरा है समाया

बस, तेरा चेहरा ही मुझे लुभाता है

तेरा चेहरा ही मुझे, दूसरों में नज़र आता है

तेरे प्यार का हिसाब नहीं मुझ से रखा जाता है

आज तुझे याद के थोड़ी आँखे भर आयी

क्यों है हम दोनों में ये जुदाई...?

बस, आज फिर मेरी आँखे भर आयी

91. वो कहती थी...

वो कहती थी...

मैंने जिनको अपना बनाया था
उन लोगों ने ही मुझे नीलाम करवाया था..
जिन को मैंने अपने दिल में दर्जा दिया
फिर उन्होंने ही मुझे रिश्तों का ग़ुलाम बनाया था..
हर वक़्त मुझे रिश्तों के नाम पर लुटाया था
समझ नहीं सकी मैं अब तक उन के शातिर दिमाग को
क्योंकि मैंने तो उन से अपना रिश्ता बनाया था..
उन रिश्तों की ख़ातिर खुद को
उन का शिकार बनाया था..!!

92. एक माचिस की तिल्ली...

एक माचिस की तिल्ली..
एक माचिस की तिल्ली
इस संसार से कम नहीं है
एक बार जब जलती है
तो अपनी खूबी दूसरों
में भी भरती है
ये सिर्फ एक माचिस की तिल्ली
इस संसार को भस्म करने की
हैसियत रखती है
ये माचिस की तिल्ली
यूँ ही नहीं जलती है

93. तुम कागज और मैं लेखक

लिखता हूँ मैं काग़ज़ पर
ये सोच कर कि ये कुछ सोचता होगा..
मैं मौन नहीं होता बिन कुछ बोले ही
क्योंकि मैं काग़ज़ पर हूँ लिख देता..
अक्सर मैं जो नहीं बोलता
वो भी तुम से ही हूँ कह देता..
तुम किसी से कहते नहीं
फिर भी सब को बता देते हो..
मैं चुप रहता हूँ
फिर भी तुम मेरी मुस्कुराहट ला देते हो...
चोली और दामन का हम से तुम
नाता बना लेते हो..
तुम कागज और मैं उस पर लिखने वाला
मुझे तुम लेखक बना देते हो..!!

94. गुमनाम

आज गुमनाम से बात हुई
बात कुछ खास हुई
गुमनामी में भी उस का बड़ा नाम है
लेकिन पूछना जरूर है
ये गुमनाम ही क्यों गुमनाम है..?
वो इस गुमनामी में अपना नाम क्यों छुपा रहा है
कुछ तो बात है
जो वो नहीं बता रहा है
शायद वो कुछ बड़ा कर रहा है
इसलिए वो सब कुछ छुपा रहा है..!!

95. ये इश्क है जनाब इसे खेल मत बनाओ

ये इश्क है जनाब इसे खेल मत बनाओ
ये दिल से होता है, तो फिर इस में
दिमाग मत लगाओ,
अक्सर वो अकेले रह जाते हैं
जो इश्क में, दिल की जगह दिमाग लगाते है
इश्क को खेल समझने वाले
कभी सच्चा प्यार नहीं पाते है
ये इश्क है जनाब
इसे ना तो सभी कर पाते हैं
और, ना ही समझ पाते हैं..!!

96. तुम मेरे बारे में..?

तुम मेरे बारे में, क्या जानते हो?
और खुद को मेरा शुभचिंतक बताते हो?
मेरा भला तो नहीं

तुम मेरा बुरा ही मुझे बताते हो

मुझे तुम जानते नहीं
और मेरी तस्वीर तुम लोगों को बताते हो..!
मेरे साथ हमेशा रहे तुम
लेकिन

मुझे समझ ना सकें..!
लेकिन, मेरी समझी का किस्सा तुम लोगों को समझाते हो..
बदला ना मै हूँ ना तुम
बस बदल गए हमारे रास्ते है..!!
तुम चल रहे हों वही डगर...
और मेरी मंजिल बदल गई...!!

97. स्वास्थ्य

ज़िंदगी की भाग-दौड़ में
न जाने क्या-क्या पीछे छूट गया,
स्वास्थ्य से ही है सब कुछ
और स्वास्थ्य ही पीछे छूट गया।

सुबह होते ही एक दौड़-सी शुरू हो जाती है,
आँख खुलते ही कामों की लम्बी लिस्ट सामने आती है।
दिन पूरा उन्हें पूरा करने में खप जाता है
खाना-पीना छोड़ दिमाग़ उसी में लग जाता है।

उठ कर बिस्तर से व्यक्ति सीधा काम पर जाता है,
आज की दिनचर्या से योग, पार्क लुप्त होता जाता है।
धन की लालसा में मनुष्य स्वास्थ्य को खोता जाता है,
जीवन के अंतिम पड़ाव में ये पैसा कहाँ काम आता है!
जिस स्वास्थ्य को सब भूले पड़े हैं, उसी से बने सब काम हैं।
एक स्वस्थ शरीर में ही तो कुशल बुद्धि का निवास है।
ये स्वास्थ्य ही मानव को भगवान का वरदान है,
भूले पड़े हैं इसे सब, इसी पर निर्भर सब काम हैं।
स्वास्थ्य बिना जीवन निरर्थक के समान हैं।

98. शांति

चल इस प्रतियोगिता की दुनिया से
खुद को अलग करे..
जिंदगी के दो पल
खुद के नाम किए
रेख्ता से दूर
सुकून की ओर चले
अपने काम काज की रफ़्तार को धीमा करे
चल अब खुद को इन से अलग करे
चल अब कुछ अलग करे..!

99. मृत्यु एक अटल सत्य

ज़िन्दगी के रहस्यों में से एक रहस्य: मौत!

अलग ही है मौत का ख़ौफ़,

लगभग हर मनुष्य में दिख जाता है।

इस ख़ौफ़ के आगे

लोगों का रुख बदल जाता है।

आँखों मे ये ख़ौफ़

एक उम्र में नज़र आता है।

इस ख़ौफ़ के डर से

लोगों का काम-काज

और संसार बदल जाता है।

एक दिन इस ख़ौफ़ से मिलना है,

फिर भी हर दिन ये ख़ौफ़ एक दिन खा जाता है।

कमज़ोर और ग़रीबों में अक्सर ये ख़ौफ़

हर समय बरकरार रहता है,

इस अटल सत्य का कहाँ किसी को इंतज़ार रहता है।

100. खामोश हूँ मैं

खामोश हूँ मैं

अभी खामोश हूँ मैं

बस यू ही चुप रहना चाहता हूँ, मैं कुछ नहीं बोलना चाहता

बस अपने वक़्त से बुलवाना चाहता हूँ

मैं तूफान के आने से पहले का सन्नाटा बनना चाहता हूँ

अभी खामोश ही रहना चाहता हूँ

जो मेरे रास्तो में आयी है दीवार

मैं उन को एक झोंके में गिराना चाहता हूँ

इसलिए मैं अभी बस खामोश ही रहना चाहता हूँ

इस ख़ामोशी के बाद

मेरे आने का शोर होगा

मैं वहीं रहूँगा, लेकिन बदला हुआ नजरिया कुछ और होगा

ये ख़ामोशी ही सही है जिस को मैं शब्द नहीं देना चाहता

किसी को अपनी आवाज से नहीं, वक़्त से हूँ मैं मिलवाता

इसलिए, अभी खामोश हूँ मैं..!!